- En cadeau -

LA VERSION AUDIO DU LI

COMMENT ÇA MARCHE ?

1

Téléchargez l'app
Quelle Histoire

2

Déverrouillez
votre livre

3

Écoutez
votre histoire

Disponible sur App Store

DISPONIBLE SUR Google Play

Application compatible toutes tablettes et smartphones
à partir de iOS 8 et Android 4.4.

- Collection -
THÉMATIQUES

Découvrez notre collection sur

www.quellehistoire.com

- Collection -
PERSONNAGES

Quelle Histoire

Édition et conception : Unique Heritage Editions SAS. 141, boulevard Ney 75018 Paris
Illustrations : Mathieu Ferret, Bruno Wennagel, Marie-Lou Hainsselin
Textes : Patricia Crété
Édition : Tuong-An Huynh, Pauline Malmy
Direction artistique : Kagna Toung
Maquette : Cindy Pradat

Cet ouvrage est coédité avec le ministère des Armées, secrétariat général pour l'administration, direction de la mémoire, de la culture et des archives (DMCA).

Siège social : 141, boulevard Ney 75018 Paris

www.quellehistoire.com

Fabriqué par Labelfab / Imprimé en France par Stin Imprimerie - Toulouse

Dépôt légal octobre 2022

Loi n° 49-956 du 16 juillet 1949 sur les publications destinées à la jeunesse

PEFC 10-31-2841

FABRIQUÉ EN FRANCE

PREMIÈRE GUERRE MONDIALE

Les héros de l'ombre

La Première Guerre mondiale

La guerre éclate en Europe en août 1914. Elle va durer quatre longues années, provoquant des millions de morts, de disparus et de blessés. La guerre est totale, opposant la France, le Royaume-Uni et la Russie à l'Allemagne, l'Autriche-Hongrie et l'Italie. Les militaires sont appelés sur tous les fronts : sur terre, en mer et dans les airs. Cette guerre met en lumière des chefs de guerre remarquables, révèle de nouvelles armes, de nouveaux moyens, comme les avions. Mais on oublie parfois celles et ceux qui, dans l'ombre, sont aussi de vrais héros... Prépare-toi à les découvrir !

1914 - 1918

Les femmes à l'usine et dans les champs

Les pères, maris et fiancés sont partis au front, alors les femmes vont devoir les remplacer. D'abord aux champs car, au mois d'août, c'est la moisson ; puis, en septembre, ce sont les vendanges. Beaucoup vont aussi travailler dans les usines pour produire les munitions indispensables en temps de guerre. On va appeler ces ouvrières des « munitionnettes ». Début 1918, elles sont plus de 400 000 à s'activer ainsi. Pour faciliter leur vie quotidienne, la loi Engerand d'août 1917 rend obligatoire les crèches et les chambres d'allaitement dans les usines employant plus de 100 femmes.

1914 - 1918

F.6

Les très jeunes engagés

De jeunes adolescents vont aussi participer à cette guerre. En voici un bel exemple avec Jean-Corentin Carré, engagé à 15 ans après avoir menti sur son âge. Ce jeune Breton, le plus jeune « poilu » de France, est incorporé au 410e régiment d'infanterie à Rennes. Puis, en février 1917, il se retrouve dans les tranchées de la Marne où il est promu adjudant. Mais son rêve est de rejoindre la prestigieuse aviation de combat. Alors, il apprend à voler, obtient son brevet de pilote et termine la guerre aux commandes d'un avion. Quelques milliers d'enfants-soldats ont, comme lui, combattu aux côtés des poilus.

RF
41
41 41

Les téléphonistes et les télégraphistes

La Grande Guerre est le premier conflit pendant lequel les télécommunications jouent un rôle primordial. La transmission se fait par téléphonie, télégraphie électrique, télégraphie par le sol, télégraphie sans fil (TSF). Parmi les téléphonistes peu connus, citons André Hector Duc, blessé en octobre 1918 en assurant la liaison téléphonique entre son chef de bataillon et une unité de première ligne. Citons aussi le cultivateur Louis Ernest Chatelard, incorporé à la 5e brigade de chasseurs, qui poursuit son travail de téléphoniste sous un déluge de feu, en août 1916. Tous deux seront décorés de la croix de guerre.

1914 - 1918

Les marraines de guerre

C'est en janvier 1915, avec la création de l'association La Famille du soldat, qu'apparaissent les premières marraines de guerre. Ce sont des femmes de tous âges, de la fillette de 12 ans à la grand-mère de 60 ans. Elles ont chacune « leur » soldat à qui elles écrivent régulièrement et envoient des colis. Sur le front, ces courriers remontent le moral des troupes, tu t'en doutes ! Des millions de lettres ont été ainsi échangées, dont un bon nombre ont été conservées, comme celles que reçut le poète Guillaume Apollinaire de sa marraine, Jeanne Burgues-Brun, et qu'il publiera plus tard.

Les anges blancs et les brancardiers-musiciens

Place aux infirmiers et infirmières, surnommés les « anges blancs ». Souvent bénévoles, ils portent secours aux blessés. Certains tiennent un journal qui exprime leur courage et leurs difficultés. Marie-Gabrielle Mézergue, tout juste 20 ans, travaille dans un train sanitaire qui évacue les blessés près de Reims. Dans son journal, elle écrit : « On fait les pansements à la va-vite, plus de charpie, plus de bandes, plus d'anesthésiques, plus de désinfectants. » Pour les aider dans leur lourde tâche, les anges blancs peuvent compter sur les brancardiers-musiciens du 112e régiment d'infanterie.

1914 - 1918

Les médecins

À l'arrière, médecins et chirurgiens doivent s'adapter à de nouvelles sortes de blessures : les soldats sont gazés, ont les membres arrachés, sont parfois défigurés. Ces blessés, surnommés les « gueules cassées », vont trouver une sauveuse avec Suzanne Noël. Cette chirurgienne spécialisée en esthétique réparatrice va tout faire pour leur redonner un visage. Par ailleurs, les hôpitaux se mobilisent pour apporter l'aide au plus près du front. Ainsi, ce sont environ 300 voitures radiologiques, mises au point par la célèbre Marie Curie et plus tard surnommées les « petites Curie », qui sillonnent les zones de guerre.

Les artistes combattants

Pour documenter la guerre, le gouvernement envoie sur le front des membres de la Société des peintres militaires comme François Flameng. Beaucoup d'autres combattants artistes, écrivains ou poètes témoignent aussi personnellement de toutes les horreurs de la guerre. Parmi eux, Fernand Léger, missionné comme sapeur à Verdun à l'automne 1916, témoignera à travers ses croquis de ce qu'il voit. D'autres décriront leur vie dans les tranchées. Roland Dorgelès publie *Les Croix de bois* en 1919, Maurice Genevoix, *Sous Verdun* en 1916, Henri Barbusse, *Le Feu* en 1916.

1914 - 1918

Les journalistes

Des journalistes prennent la plume, comme Marcelle Capy. Elle publie dans le journal *la Voix des femmes* un reportage sur le travail des femmes dans une usine. D'autres partent sur le front comme le photographe Jacques Agié, qui prendra des clichés notamment dans le nord de la France. Ce sont les premiers reporters de guerre. Certains, plus célèbres, laisseront des témoignages inoubliables, tel Albert Londres, correspondant de guerre pour le journal *Le Matin*. Il publie un article poignant sur la cathédrale de Reims, totalement détruite par les Allemands le 19 septembre 1914.

Les médaillés de la Grande Guerre

Le 23 juin 1920, une loi crée la médaille commémorative française de la guerre de 1914-1918 pour récompenser les participants à la lutte. Même si l'histoire n'a pas toujours retenu les sacrifices de ces héros de l'ombre, beaucoup ont reçu cette médaille. Parmi eux, infirmières, infirmiers et médecins ayant servi dans les armées ou le civil. Elle est aussi accordée aux personnels ayant travaillé dans les foyers de soldats ou les cantines de gare où étaient soignés les malades et les blessés militaires. De même, pouvaient la recevoir les femmes employées comme automobilistes, téléphonistes et secrétaires… Alors, ne les oublie pas !

23 juin 1920

1913

1914
3 août
L'Allemagne déclare la guerre à la France. Début de la Première Guerre mondiale.

1914
4 août
Le Royaume-Uni déclare la guerre à L'Allemagne. Les troupes britanniques participent à la bataille de Mons (Belgique) le 23 août.

1914
4 septembre
Destruction de la cathédrale lors d'un bombardement de Reims.

1914
5-12 septembre
Bataille de la Marne pour contrer l'avancée allemande.

1915
27 septembre-7 octobre
Grande offensive allemande en Champagne. C'est l'une des batailles les plus sanglantes de la guerre.

1916
Février-décembre
La bataille de Verdun fait rage. C'est le premier des grands combats aériens.

1916
Septembre
Les premiers tanks de l'histoire, ou chars d'assaut, entrent en action lors de la bataille de la Somme.

1917
6 avril
Entrée en guerre des États-Unis. Les premières troupes américaines débarquent en Normandie le 13 juin.

1917
23-26 octobre
Victoire franco-britannique du Chemin des Dames.

1918
Mars-avril
Paris et sa banlieue sont bombardés, pour la première fois, par les Allemands.

1918
24-29 avril
Grande offensive allemande dans la Somme. La ville de Péronne est détruite.

1918
15-20 juillet
Dernière offensive allemande dans la Marne qui se solde par un échec. Les Alliés ont gagné.

1918
11 novembre
Les Allemands déposent les armes le 9 novembre. L'armistice est signé à Rethondes.

1919
28 juin
Signature du traité de paix dans la galerie des Glaces du château de Versailles.

1920
23 juin
Création de la médaille commémorative française de la guerre de 1914-1918.

1921

Des lieux clés des héros de l'ombre
3
6
4
1
2
5

Légende de LA CARTE

1 Paris (15e arrondissement)

Quai de Javel, des centaines de munitionnettes produisent des obus de 75 mm dans l'usine d'André Citroën, qui dispose aussi d'une crèche. L'usine est reconvertie après-guerre en production automobile.

2 Paris (5e arrondissement)

L'hôpital du Val-de-Grâce, installé dans une ancienne abbaye, accueille de nombreux blessés pendant la guerre. Le musée du Service de santé des armées y est inauguré le 2 juillet 1916.

3 Paris (7e arrondissement)

La guerre de 14-18 sauve la tour Eiffel, qui devait être démolie. En effet, les militaires y installent l'antenne de télégraphie sans fil la plus haute du monde. Elle est en liaison avec les pays de l'Est.

4 Reims (Marne)

Le 19 septembre 1914, la cathédrale Notre-Dame est détruite après un bombardement allemand. Elle servait alors d'hôpital de campagne et abritait une centaine de blessés.

5 Le Faouët (Morbihan)

Ce village breton a vu naître l'un des plus jeunes poilus de la Grande Guerre, Jean-Corentin Carré. Depuis août 2019, une plaque et une fresque lui rendent hommage dans la cour du collège qui porte son nom.

6 Gagny (Seine-Saint-Denis)

Sur la place Foch, un abri en verre abrite l'un des 600 taxis parisiens qui transportèrent les soldats de Paris dans la Marne. Ils s'arrêtèrent à Gagny dans la nuit du 6 au 7 septembre 1914.

Les portraits

Nicole Girard-Mangin

(1878 - 1919)

Lorsque la guerre éclate, elle se porte médecin volontaire et devient l'unique femme médecin affectée au front : de Verdun à la Somme en passant par Ypres (Belgique). Elle mourra d'une overdose médicamenteuse le 6 juin 1919.

Albert Moreau

(1886 - 1969)

Employé de banque, exempté de service militaire pour raison de santé, il devient reporter photographe pour le compte de la Section photographique et cinématographique de l'armée (SPCA). Il y sert de juillet 1915 à août 1919.

Marcelle Capy

(1891 - 1962)

Pendant trois mois, cette journaliste, militante, féministe et pacifiste, se fait embaucher incognito dans une usine d'armement et livre son témoignage sur le travail pénible des munitionnettes dans le journal *La Voix des femmes* en 1918.

André Rey-Golliet

(1899 - 1918)

À 15 ans, en 1914, il devient agent cycliste de liaison. Mais il rêve de piloter un avion, ce qu'il réussit à faire en 1917. Le plus jeune aviateur de la Grande Guerre meurt le 19 mai 1918, victime d'une panne d'avion près de Paris.

Le jeu des 7 ERREURS

Trouve les 7 différences entre l'image de gauche et l'image de droite.

Solution : la bougie, le pansement, la ceinture, la jambe, la bouche, les oiseaux, la croix.

Le jeu du

LABYRINTHE

Aide Albert Moreau à retrouver sa machine à écrire.

Solution : le bon chemin est le numéro 2.

Le jeu des OMBRES

Retrouve la bonne ombre d'Henri de Bournazel.

Bonne réponse : l'ombre a.

Le jeu du

QUIZ

1. Comment appelle-t-on les ouvrières dans les usines de munitions ?

a. Les munitionneuses
b. Les munitionnantes
c. Les munitiolises
d. Les munitionnettes

2. À quel âge Jean-Corentin Carré s'est-il engagé dans la guerre ?

a. 14 ans
b. 15 ans
c. 16 ans
d. 17 ans

3. Quel était le surnom des infirmiers et infirmières pendant la guerre ?

a. Les anges blancs
b. Les gardiens des soldats
c. Les soigneurs de la guerre
d. Les petites Curie

Bonnes réponses : 1.d / 2.b / 3.a.

- Collection -
BEAUX-LIVRES

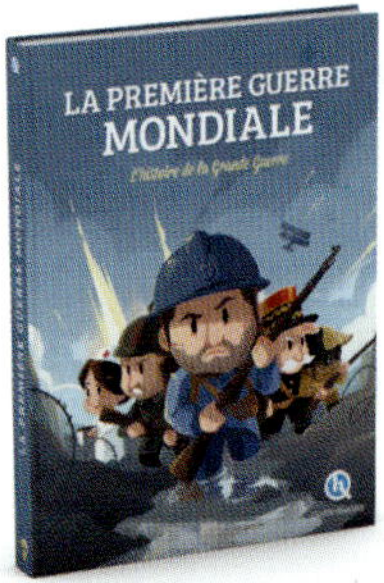

Découvrez notre collection sur

www.quellehistoire.com

- Collection -
ENCYCLOPÉDIES

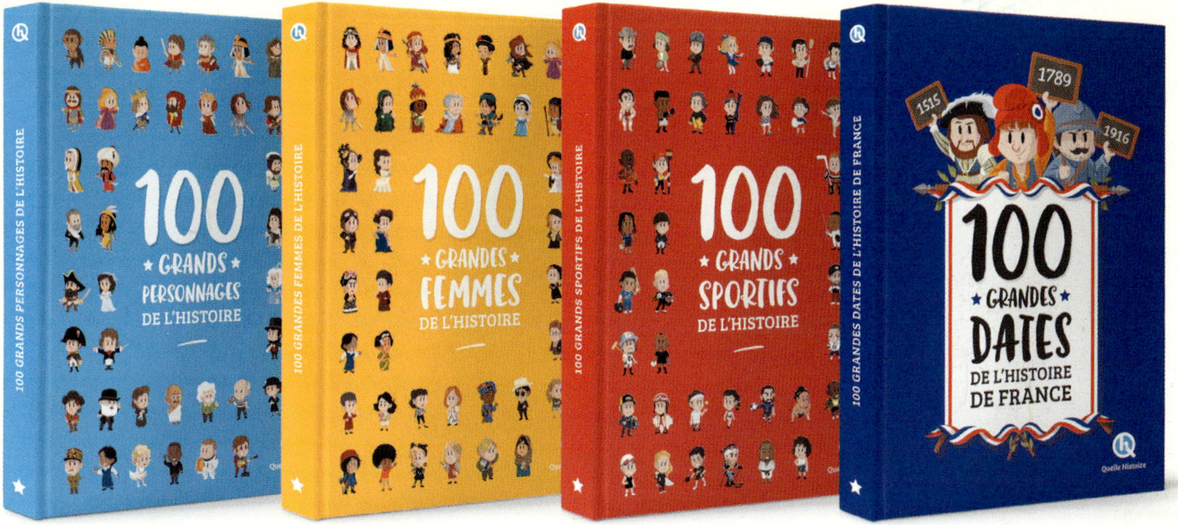

Chers parents, vous aimez Quelle Histoire ? Rejoignez-nous sur les réseaux sociaux !

- Ministère des Armées -

DMCA

La Direction de la mémoire, de la culture et des archives (DMCA) est une direction du ministère des Armées placée sous l'autorité de la secrétaire générale de ce ministère.

La DMCA est notamment chargée de la politique culturelle du ministère à travers les collections de ses musées, ses services d'archives et ses bibliothèques. Elle détermine et finance les actions nécessaires à la gestion et à la valorisation de ce riche patrimoine.

C'est dans cette perspective que la DMCA développe également une politique de publication et de soutien aux productions audiovisuelles permettant à un large public de découvrir l'histoire et le patrimoine du ministère des Armées.

MINISTÈRE
DES ARMÉES

Liberté
Égalité
Fraternité